Aprende a
organizarte
sin
desesperarte

Janet S. Fox

Ilustraciones de Steve Mark

free spirit
PUBLISHING®

Library of Congress Cataloging-in-Publication Data
Names: Fox, Janet S., author. | Mark, Steve, illustrator.
Title: Aprende a organizarte sin desesperarte / Janet S. Fox ; Ilustraciones de Steve Mark.
Other titles: Get organized without losing it. Spanish.
Description: Minneapolis, MN : Free Spirit Publishing, Inc., [2024] | Series: Laugh & learn |
    Includes bibliographical references and index. | Audience: Ages 8-13
Identifiers: LCCN 2023043212 (print) | LCCN 2023043213 (ebook) | ISBN 9798885545150
    (paperback) | ISBN 9798765970607 (ebook)
Subjects: LCSH: Study skills--Handbooks, manuals, etc. | Students--Time management--Handbooks,
    manuals, etc. | Students--Life skills guides.
Classification: LCC LB1049 .F618 2024 (print) | LCC LB1049 (ebook) | DDC 371.3/0281--dc23/
    eng/20230914
LC record available at https://lccn.loc.gov/2023043212
LC ebook record available at https://lccn.loc.gov/2023043213

Editado por Pamela Espeland y Eric Braun
Diseño de portada e interior de Emily Dyer
Ilustraciones de Steve Mark

Elementos gráficos adicionales: tablilla con sujetapapeles pág. 35 © Angela Jones | Dreamstime.com; planificador págs. 40–41, 91 © Gmm2000 | Dreamstime.com; pieza de ajedrez págs. 80, 84–85 © Cory Thoman | Dreamstime.com

Printed by: 70548
Printed in: China
PO#: 9170

Free Spirit Publishing
Un sello de Teacher Created Materials
9850 51st Avenue North, Suite 100
Minneapolis, MN 55442
(612) 338-2068
help4kids@freespirit.com
freespirit.com

Dedicatoria

Para Jeff y Kevin porque, con ustedes
a mi lado, jamás me pierdo.

Y para Bárbara, mi mamá, otra
apasionada de las palabras.

Agradecimientos

Agradezco especialmente a Kathy
Whitehead y Shirley Hoskins, a Jane Beatty,
a Kiri Jorgensen, a Dudley, BJ y June, y a
mis estudiantes y colegas de St. Michael.
El apoyo y las recomendaciones que me
brindaron son invaluables.

Agradezco a Larry Rand, quien me
enseñó a organizarme en noveno grado.

Agradezco a mis editores, Trina Wentzel,
Eric Braun y la excepcional Pamela Espeland.
Gracias también a Steve Mark por sus
maravillosas ilustraciones. Y gracias a Judy
Galbraith, a Marjorie Lisovskis y a todos los
miembros de Free Spirit, que reconocen que
los niños y los adolescentes necesitan una
mano amorosa que los guíe.

Tabla de contenido

¿Es hora de organizarte? 1
  Cuestionario 1
  Imagina esta escena 3

1. Herramientas básicas para
   organizarte 6
   La maldición de la mochila de
       las mil libras 10
   Mi lista de compras 20

2. Escritorios desastrosos, casilleros
   caóticos y otras balumbas 22
   Cómo rescatar un escritorio desastroso . 24
   Qué hacer con un casillero caótico 28
   ¡Chist! 31
   Qué hacer frente a otras balumbas 32
   Chequeos periódicos 35

3. Planifica para tener éxito en
   la escuela......................... 36
   Usa un planificador escolar 37
   9 razones para usar un planificador 40
   Administra tu tiempo 44
   Organizador extraescolar 50
   Planifica cuándo harás la tarea 52

Lista de control de la tarea 54
Cómo evitar distracciones 63

4. **Planifica para estar preparado
cada día** **66**
Empieza con el pie derecho 67
¿Es una lonchera o un cesto de basura? 69
Planifica los proyectos a largo plazo 71
Planificador de proyectos a largo plazo ..76
Planifica tu aprendizaje 80
¡Chist! 86
Trucos para la memoria 87
Plan para organizarte cada día 91

¿Vale la pena organizarse? 92

Nota para padres y maestros 96

Recursos útiles.........................99
Para niños y adolescentes..............99
Para padres y maestros 101

Índice 102

Acerca de la autora
y el ilustrador 105

¿Es hora de organizarte?

Completa este cuestionario para averiguarlo.

CUESTIONARIO

2. ¿Pierdes muchísimo tiempo buscando las cosas para trabajar en clase o para hacer la tarea en casa?

9. ¿Sientes que siempre estás atrasado?

1. ¿Tu escritorio de la escuela es un desastre?

6. ¿Tu casillero es un caos?

7. ¿Tu mochila es un `agujero negro*`?

4. ¿Perderías hasta la cabeza si no la tuvieras pegada al cuerpo?

10. ¿Te has perdido de hacer cosas divertidas por no haber terminado la tarea de la escuela?

5. ¿Te la pasas perdiendo las cosas que necesitas para trabajar en clase o para hacer la tarea en casa?

3. ¿Te gustaría poder organizarte mejor?

8. ¿Las preguntas de este cuestionario están en el orden correcto?

*agujero negro: un lugar en el espacio que atrae todas las cosas y las hace desaparecer

Si respondiste SÍ a una o más preguntas, sigue leyendo. La ayuda está en camino.

Si respondiste NO a la pregunta 8, ¡fantástico! Sabes bien cuándo las cosas están organizadas... y cuándo no.

¡Es un buen comienzo!

Imagina esta escena . . . .

Te desplomas en tu silla segundos antes de que suene el timbre. El maestro anuncia que hay prueba sorpresa, y tú remueves cielo y tierra buscando un lápiz. Cuando por fin encuentras uno, descubres que deberías sacarle punta, ¡pero no hay tiempo para eso!

Durante la prueba, cambias de opinión sobre la tercera respuesta. Tratas de borrarla, pero tu borrador está tan gastado que deja un manchón negro. Pierdes tiempo tratando de arreglarlo. Cuando el maestro avisa que se acabó el tiempo, ¡tú todavía no terminaste!

Acto seguido, el maestro te pide que le entregues la tarea que asignó ayer. Revuelves en tu mochila, que está a tope de papeles arrugados. Hay de todo, menos la tarea.

¿Habrá quedado en la mesa de la cocina? ¿O quizá debajo de la cama? No logras recordarlo, y de todos modos, ya no hay nada que hacer. Si no la entregas, el maestro te pondrá un cero otra vez.

Cuando vuelves a casa después de la clase de fútbol, ves un rato de tele. Cenas, ayudas a lavar los platos y juegas con el perro.

Más o menos una hora antes de acostarte, vas a tu habitación y vacías la mochila en el suelo. Te das cuenta de que te olvidaste el libro de Ciencias. ¡Qué mal, hay examen mañana! Tendrás que conformarte con lo que anotaste en clase...

Tu carpeta está tan repleta de hojas que revienta, y los papeles salen disparados por toda la habitación. Por fin, después de un rato, encuentras tus apuntes de Ciencias, pero tu letra es ilegible y las frases que logras descifrar no tienen ningún sentido.

Tratas de estudiar para el examen, pero ¿qué caso tiene? Te rindes y buscas el teléfono para matar el tiempo. Cuando te acuestas, la preocupación no te deja dormir.

La mala noticia es que es poco probable que te vaya bien en el examen. La buena es que las cosas pueden ser de otra manera.

Puedes ser una persona diferente antes del próximo examen. Una persona tranquila. Una persona organizada. Una persona preparada para dar lo mejor de sí.

CONSEJO: Organizarse no es obsesionarse con el orden. Es perder menos tiempo enloqueciéndose y tener más tiempo para pasarla bien.

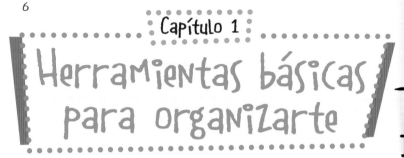

Capítulo 1
Herramientas básicas para organizarte

Para organizarte no necesitas muebles sofisticados ni un teléfono inteligente lleno de aplicaciones. Tampoco un *software* especial ni una tableta con calendarios.

Ni siquiera necesitas que tus padres te digan que hagas la tarea, te pregunten si hay algo muerto en tu mochila o te apuren para que no vuelvas a perder el autobús.

Sí necesitarás algunas herramientas básicas. Empecemos por lo que llevas **desde y hacia** la escuela.

Una mochila resistente de un material duradero, con correas adecuadas y al menos un bolsillo: Guarda las cosas que llevas todos los días a la escuela (como las llaves, la billetera, la calculadora y el paraguas plegable) en el bolsillo de la mochila. Usa el espacio más grande para la carpeta de argollas, los fólderes, la computadora o la tableta y los libros.

Algunas escuelas tienen reglas sobre los tipos de mochilas que se pueden llevar; por ejemplo, nada de telas opacas (solo mochilas de red, de tela traslúcida o de plástico transparente) y tampoco mochilas con rueditas (aumentan el riesgo de tropezarse). Aunque las mochilas con rueditas alivian la carga, en muchas escuelas no están permitidas. En algunas sí se permiten, pero los estudiantes deben cargarlas dentro del edificio, así que pierden la gracia. Para asegurarte de llevar el tipo correcto de mochila, pregúntale a tu maestro o busca en el sitio web de la escuela antes de comprar una.

LA MALDICIÓN DE LA MOCHILA DE LAS MIL LIBRAS

¿Tu mochila pesa tanto como tú?

Cada año, miles de niños y adolescentes se lastiman por cargar mochilas demasiado pesadas. Los expertos dicen que la mochila no debe superar el 10 por ciento de tu peso. Es decir, si pesas 90 libras, tu mochila debería pesar 9 libras... cuando está llena.

¡Algunos estudiantes cargan mochilas que pesan 45 libras! Con razón les duele la espalda, el cuello o los hombros. A veces, por culpa de esto, tienen que faltar a la escuela o perderse actividades deportivas.

Así que trata de ir lo más liviano posible. Lleva en la mochila solo lo que sea absolutamente necesario. No la llenes de elementos personales. Por ejemplo, no lleves tu modelo de transbordador de la NASA a la escuela (por un montón de razones). Y, aunque creas que te queda genial llevar la mochila colgada de un solo hombro, no lo hagas. Úsala como se diseñó, con las dos correas.

Ajusta las correas para que el peso de la mochila te quede en el centro de la espalda, donde están los músculos más fuertes. Si tu mochila tiene una correa en la cintura, úsala. Y algo más: una bolsa liviana de tela plástica con correas de cordón no es una mochila. Puede darte dolor de hombros y se arrugan los papeles adentro.

CONSEJO: Muchas veces, lo más pesado que llevan los estudiantes en la mochila son los libros de texto. Si cargar los libros es un problema, llévate a casa solo los que necesitas para hacer la tarea ese día (o para estudiar ese fin de semana). ¿No tienes tarea de Ciencias? Deja el libro de Ciencias en tu casillero.

Algunas escuelas tienen un juego de libros de uso exclusivo en el salón de clases para que puedas tener tu propio juego en casa. Otras escuelas usan libros digitales que puedes leer en tu computadora o tableta.

Si los libros de texto que tienes que cargar siguen siendo muchos, habla con tu maestro.

Uno o más fólderes para la tarea: Un buen fólder para la tarea tiene dos solapas. La de la izquierda es para la tarea que todavía no hiciste. Rotúlala "Casa". La de la derecha es para la tarea que está lista. Rotula esa solapa "Escuela". Quizá necesites un fólder para cada materia. Pregúntales a tus maestros.

Puedes crear tu propio fólder con papel grueso y cinta adhesiva o grapas.

Una buena carpeta: Las mejores tienen un mecanismo de argollas que se abren y se cierran. Si se te cae la carpeta (mejor dicho, **cuando** se te caiga), ninguna hoja saldrá disparada por los aires. La situación opuesta sin duda puede arruinarte el día.

¿Cuál es el mejor **tamaño?** Una carpeta con argollas de 1½" o 2" debería ser suficiente para cinco materias.

Algunas carpetas tienen un bolsillo de plástico transparente en la tapa. Puedes poner allí una lista de tareas, los horarios de clase o la lista de control de la tarea (volveremos sobre este tema más adelante).

MIS HORARIOS

Hora	Materia	Salón
1	Mate	212
2	Lengua	235
3	Deporte	Gimnasio
4	Hip hop	115
	Almuerzo	Cafetería
5	Historia	121
6	Ciencias	252

Algunas escuelas tienen reglas en cuanto a las carpetas que se pueden usar; por ejemplo, nada de carpetas gigantes de tres argollas. Son demasiado grandes para la mayoría de los escritorios y demasiado pesadas para llevarlas en la mochila (a menos que seas un levantador de pesas olímpico).

Elementos para organizar tu carpeta:

- **Separadores de materias.** Los separadores de colores te ayudan a encontrar lo que buscas. Recuerda rotular la pestaña con el nombre de la materia: Lengua, Ciencias, Historia, Matemáticas, Geografía... También puedes dividir las materias en secciones. En el caso de Lengua, puedes usar separadores para Vocabulario, Ortografía y Escritura.

CONSEJO: Puedes poner una sección de consulta rápida al principio e incluir palabras de ortografía difíciles, operaciones matemáticas, datos de ciencias, instructivos y otras herramientas de estudio útiles.

- **Una buena cantidad de hojas.** Asegúrate de contar con bastantes hojas en la carpeta para tomar apuntes y por si hay pruebas sorpresa. (¡Pero no son para pasarles mensajes a tus compañeros!).

- **Un estuche con cremallera para guardar los útiles.** Tienen que caber dos o tres lápices con punta, un borrador y una regla corta. Debe tener un borde con agujeros para engancharlo en la carpeta.

- **Folios.** Los folios protegen las hojas y otros papeles importantes contra manchones, líquidos y lágrimas. Si tu maestro te da una lista con todas las tareas de Matemáticas para el año, guárdala en un folio. Si te pasaste horas coloreando los países en un planisferio, guárdalo en un folio. Los folios pueden quedar en tu casa o en tu casillero.

- **Carpetas de cartulina con 2 solapas y 3 agujeros para broches mariposa.** A veces, tienes una pila de hojas de trabajo que van juntas. Las carpetas te sirven para eso. También vienen en distintos colores.

CONSEJO: Superorganízate y combina los colores de los separadores y las carpetas de las materias.

También necesitas algunos elementos básicos para mantener tus cosas ordenadas **dentro de la escuela.** Puedes guardarlos en tu escritorio o en tu casillero:

Una caja para lápices, borradores y demás objetos pequeños. En muchas tiendas se venden organizadores de plástico comunes para útiles escolares.

También puedes decorar cualquier caja de cartón que encuentres en tu casa (por ejemplo, una caja de zapatos), pero asegúrate de que quepa en tu escritorio o tu casillero y que entre todo.

¿Qué va en la caja? Estos son los útiles que necesita la mayoría de los estudiantes. Pregúntale a tu maestro si te falta algo.

- 4 o 5 lápices con punta y un buen borrador

- borrador individual

- sacapuntas pequeño

- tijeras

- regla corta

- botella de pegamento pequeña o pegamento en barra

- cinta adhesiva transparente

- clips

- engrapadora pequeña

- resaltadores

- lápices de colores

- perforadora de 3 orificios portátil

Fotocopia la lista de compras de las páginas 20 y 21 o descárgala de freespirit.com/organize. Tacha las cosas que ya tienes. Los renglones vacíos son para escribir las demás cosas que podrías necesitar. (En la lista hay algunas cosas de las que todavía no hablamos, pero ten paciencia. Ya llegaremos a esa parte).

Muéstrale la lista a tu mamá, tu papá o a otro adulto de la familia y pídele ayuda para conseguir los útiles. No olvides llevarla a la tienda de descuentos o de artículos de oficina. En muchas tiendas de comestibles y de medicamentos también se venden útiles escolares.

Si no puedes comprar todo lo de la lista de una sola vez, ve comprando en orden, de arriba abajo.

Mi lista de compras

- [ ] Mochila con al menos un bolsillo
- [ ] Fólder para la tarea
- [ ] Carpeta con argollas de 1½" o 2"
- [ ] Hojas rayadas
- [ ] Separadores
- [ ] Estuche con cremallera para guardar los lápices
- [ ] Folios

- [ ] Tijeras
- [ ] Regla corta
- [ ] Pegamento líquido pequeño o pegamento en barra
- [ ] Cinta adhesiva transparente
- [ ] Clips
- [ ] Engrapadora pequeña
- [ ] Resaltadores
- [ ] Lápices de colores
- [ ] Perforadora de 3 orificios

- [ ] Carpetas de cartulina con 2 solapas y 3 agujeros para broches mariposa
- [ ] Caja pequeña para guardar útiles
- [ ] Unos 10 lápices con punta (para repartir entre el estuche y la caja)
- [ ] Dos borradores (uno para el estuche y otro para la caja)
- [ ] Dos sacapuntas pequeños (uno para el estuche y otro para la caja)

- [ ] Estantes para tu casillero
- [ ] Ganchos magnéticos para tu casillero
- [ ] Portapapeles magnético para tu casillero
- [ ] Bandejas de plástico apilables para tu casillero
- [ ] Planificador escolar
- [ ] _____
- [ ] _____
- [ ] _____
- [ ] _____

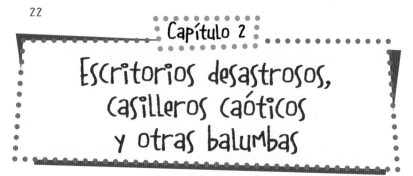

Capítulo 2

Escritorios desastrosos, casilleros caóticos y otras balumbas

¿Cuál de estas opciones te describe mejor?

1. Mi escritorio y mi casillero están limpios y ordenados. Cada cosa tiene su lugar. Siempre encuentro lo que necesito.

2. Mi escritorio y mi casillero están un poco desordenados. En general encuentro lo que necesito, pero a veces me lleva un rato.

3. Mi escritorio es un desastre y mi casillero es un caos.

Si escogiste la opción 1, puedes saltearte esta parte del libro. Ve a dar unas vueltas en bici, escucha música, lee un libro, llama a un amigo o inventa algo.

¿Escogiste la segunda o la tercera opción? Quédate aquí y sigue leyendo.

Cómo rescatar un escritorio desastroso

Tu escritorio no es un bote de basura. Aunque es cómodo dejar el pañuelo de papel usado dentro de tu escritorio (¡puaj!), mejor tíralo a la basura.

Tu escritorio no es tu fólder de tareas. Dejar en tu escritorio la tarea para la casa es casi lo mismo que dársela al perro. Mejor guárdala en tu fólder.

Tu escritorio no es un refrigerador. No dejes comida adentro porque es probable que te olvides, se pudra, le salga moho y largue un olor espantoso.

El primer paso es la **limpieza.** Revisa tu escritorio con frecuencia. Tira la basura. Pon los papeles importantes en su lugar, ya sea en la carpeta o en el fólder de tareas.

Algunos maestros reservan tiempo para una limpieza semanal del salón de clases. Si ese no es tu caso, dedícale unos minutos por tu cuenta. Un buen momento es el viernes al final de clases. De ese modo, cuando vuelvas a la escuela el lunes, te encontrarás con un escritorio limpio y ordenado.

Trata de no desmayarte de la sorpresa.

P: Para algunos, un escritorio desordenado es señal de una mente **creativa**. Para otros, de una mente `embrollada`. Algunos opinan que solo un fanático del orden tiene el escritorio prolijo. ¿Quién tiene razón?

R: ¡No importa! Lo que vale es lo que te sirve a ti. Eso sí, a la mayoría de las personas, el escritorio desordenado les hace perder mucho tiempo.

Qué hacer con un casillero caótico

¡ÚLTIMO MOMENTO! Estudiante muere aplastado por una catarata de objetos al abrir su casillero.

¡PRIMICIA! Estudiante abre su casillero y se desmaya por el olor a podrido de la ropa de gimnasia sucia.

¡NOTICIA URGENTE! Estudiante que tarda años en encontrar su autorización se pierde el viaje escolar y la graduación.

Captaste el mensaje, ¿no? Tu casillero no es una papelera, ni un fólder de tareas, ni un refrigerador. Tampoco es una cesta para la ropa sucia, un contenedor de basura o uno de esos depósitos donde la gente guarda lo que no le entra en la casa ni en el garaje.

El casillero es para dejar el abrigo, los libros, los útiles, la ropa de gimnasia, la lonchera y demás objetos mientras estás en clase. Allí guardas todo lo que necesitarás durante la jornada escolar.

En algunas escuelas, no se permite que los estudiantes lleven la mochila de un lado a otro dentro del edificio. Puedes llegar e irte con la mochila, pero, mientras tanto, debe quedar en tu casillero.

El primer paso es la **limpieza.** Saca de tu casillero todo lo que esté fuera de lugar. ¿No sabes si ese palillo anaranjado y reseco es un crayón o una zanahoria del mes pasado? **Ante la duda, a la basura.**

¿Necesitas ayuda para organizar lo que sí va en tu casillero? Muchos estudiantes usan estos elementos:

- estantes;
- ganchos magnéticos;
- portapapeles magnéticos;
- bandejas de plástico apilables.

Están en la lista de compras de las páginas 20 y 21.

Algunas escuelas tienen reglas acerca de los elementos que se pueden usar en los casilleros. Consulta el reglamento antes de comprar.

¡Chist!

Tener el escritorio o el casillero desordenado no siempre quiere decir que eres una persona dejada. Tal vez te están pasando otras cosas y no puedes ocuparte de la organización en este momento.

Quizá te esté costando prestar atención o escuchar en clase. Puede que no entiendas las indicaciones de tu maestro. O a lo mejor no ves bien el pizarrón o no entiendes la letra de tu maestro.

Quizá te atrasaste tanto con las materias que no puedes ponerte al día. Tal vez la escuela es tan aburrida que no te interesa. O tal vez pasan cosas en tu casa que no te dejan concentrarte en la escuela.

CONSEJO: Si tener el escritorio o el casillero desordenado es la menor de tus preocupaciones, habla con un adulto de confianza. Puede ser tu mamá, tu papá, otro adulto de tu familia o un maestro que te caiga bien. Si en tu escuela hay un consejero o un enfermero, puedes hablar con ese profesional. Ellos saben escuchar.

Qué hacer frente a otras balumbas

Con tu escritorio y tu casillero despejados, limpiar y ordenar tu mochila y tu carpeta será pan comido.

Lo mejor es que puedes hacerlo en casa. No hace falta que organices todo en la escuela. El tiempo no sobra y tus maestros y compañeros están cerca. ¡Nadie tiene por qué saber qué cosas asquerosas guardas!

Empieza con la mochila, ya que probablemente represente el mayor el riesgo biológico*.

*riesgo biológico: algo que puede dañar tu salud y el medioambiente; por ejemplo, un sándwich de atún de hace un año

1. Retira de tu habitación a los miembros curiosos de la familia, como las mascotas y los niños pequeños. (¡Es por su seguridad!).

2. Quita de tu mochila los libros, cuadernos, fólderes y aparatos electrónicos, ponla hacia abajo y vacíala en el suelo. Sacúdela para asegurarte de que caigan todos los objetos, hasta los más pegajosos y rebeldes.

3. Revisa los escombros. Reúne los papeles sueltos y ponlos en su lugar, ya sea tu práctico fólder de tareas, tu carpeta o la papelera de reciclaje. Sácales punta a los lápices sueltos y guárdalos en su estuche. Lleva la ropa sucia y maloliente al cesto de la ropa y la basura adonde va la basura.

4. Si detectas algo arrastrándose entre los restos, noquéalo con tu zapatilla o guárdalo para algún proyecto de Ciencias.

¿Tu mochila quedó bien ordenada? Ahora le toca a la **carpeta.** A esta altura, sabes perfectamente qué hacer. Clasifica, recicla lo que no necesitas y pon cada papel en su lugar.

Te mereces un aplauso. Has logrado un montón de cosas. De ahora en más, todo te resultará más fácil, a menos que vuelvas a tus viejos hábitos. Pero nada de eso va a pasar si haces chequeos periódicos.

Chequeos periódicos

Saca la lengua y di AAAAAA.

1. Todos los días, antes de empezar con la tarea, vacía tu mochila. Clasifica, descarta, recicla y pon cada cosa en su lugar.

2. Una vez por semana, limpia y ordena tu escritorio y tu casillero.

3. Cada una o dos semanas, revisa tu caja de útiles. Llévala a casa y pídele a alguien de tu familia que te ayude a reponer lo que se gastó.

4. Cada 15 días, revisa tu carpeta. Recicla lo que no necesitas o no usas más. Pero guarda las hojas de trabajo, las pruebas y los exámenes viejos porque te servirán para estudiar para los próximos exámenes. Si no sabes qué hacer con algunos de los papeles, pregúntales a tus padres o a otro adulto de la familia.

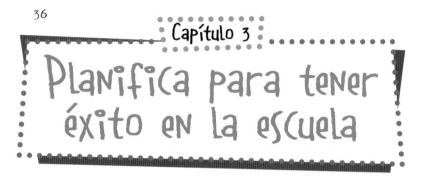

Capítulo 3

Planifica para tener éxito en la escuela

Ya has limpiado y ordenado tu escritorio, tu casillero, tu mochila y tu carpeta.✱ Cada cosa está en su lugar. Encuentras lo que necesitas sin el menor esfuerzo.

Es hora de hacer un plan para tener éxito en la escuela. Necesitarás algunas herramientas y estrategias.

✱Lo hiciste, ¿no?

Usa un planificador escolar

Para hacer un plan, necesitas un planificador (¡quién lo hubiera dicho!).

Hay toneladas de opciones. Date una vuelta por una tienda de artículos de oficina. O entra en internet, busca "planificadores escolares" y haz clic en algunos enlaces.

Algunos sitios web tienen plantillas (modelos en blanco) que se pueden descargar, imprimir y usar directamente. Pregúntale a tu maestro o al especialista en medios de tu escuela si necesitas ayuda para encontrarlas. También puedes crear tus propias plantillas.

Hay planificadores escolares de varios tipos.

Los **planificadores mensuales** muestran el mes completo en dos páginas enfrentadas. (No hay mucho lugar para escribir).

Los **planificadores semanales** muestran una semana en dos páginas enfrentadas. Es el estilo más popular entre los estudiantes.

Los de **dos páginas por día** son útiles si quieres usar tu planificador como diario.

Algunos planificadores muestran el día y la fecha con renglones o espacios en blanco para escribir. Otros muestran el nombre de la materia y casilleros para marcar al terminar cada tarea.

Hay planificadores con espacio para listas de cosas que llevar a casa o la escuela, metas semanales, proyectos a largo plazo, comunicados entre maestros y padres y más.

Varias aplicaciones para teléfonos celulares traen calendarios electrónicos que ofrecen muchas ventajas. Puedes programar alertas para una prueba de Historia o un viaje de estudios. Puedes imprimir el calendario para tener una copia en papel cuando la aplicación esté sincronizada con la computadora de tu casa, algo útil para la planificación a largo plazo (hablaremos de eso en un minuto). Incluso puedes coordinar eventos con el calendario familiar, como esa cena en la casa de la abuela. Una desventaja de las aplicaciones es que en algunas escuelas no se permite que los estudiantes usen el teléfono o la tableta en clase, así que consulta las normas de tu escuela en su sitio web.

En algunas escuelas se entregan planificadores. Suelen tener el logo de la institución en la portada y una sección especial con el manual, los horarios y el mapa de la escuela. En otras se entregan planificadores electrónicos para usar en tabletas u otros dispositivos. Si en tu escuela se entrega alguna de estas opciones, úsala.

9 razones para usar un planificador

1. **Es portátil.** Puedes llevarlo en la mochila.

2. **No se olvida de nada.** A diferencia de la cabeza humana, no tiene agujeros así que nada se le escapa.

3. **Evita superposiciones.** ¿Un amigo te invitó a patinar el sábado de la semana que viene? Consulta tu planificador antes de decir que sí. ¡Menos mal! Ese sábado hay torneo de atletismo y, el lunes siguiente, un examen importante de Historia.

4. **Tiene toda la información importante en un solo lugar.** Basta de papelitos, notas adhesivas o recordatorios borrosos escritos en la mano.

5. **Te recuerda qué debes hacer y cuándo.** Ya no necesitarás padres, maestros ni otros adultos. (Es broma).

6. **Te ayuda a no perder de vista los proyectos importantes.** Si escribes todo lo que tienes que hacer, es menos probable que olvides una tarea o una fecha de entrega.

7. **Te ayuda a cumplir tus metas.** Divide las metas grandes en pasos (sabrás más sobre esto en un minuto): escribe todos los pasos en el planificador y cúmplelos uno a la vez. Casi sin darte cuenta, habrás alcanzado la meta.

8. **Puede ser lo que tú quieres que sea.** Tu planificador puede ser desde una lista de tareas, proyectos y actividades escolares hasta una agenda de contactos, un diario personal, una lista de los libros que quieres leer y las películas que quieres ver o un anotador de ideas y sueños. Puedes diseñarlo a tu medida.

9. **Libera tu mente.** Si anotas todas las cosas que necesitas recordar, solo te queda acordarte de **una:** mirar tu planificador.

Pon en práctica estos trucos y consejos:

- Si tienes muchas tareas y actividades, usa un planificador diario. Si no tienes tantas, usa uno semanal.

- Dedica un tiempo a familiarizarte con el planificador antes de empezar a usarlo. Decide cómo vas a usarlo. ¿Dónde anotarás las tareas a largo plazo? ¿Y qué hay de las actividades extraescolares? ¿Qué sistema usarás para no perder de vista tus metas y asegurarte de cumplirlas? **Personaliza** tu planificador a tu gusto.

- Escribe con **lápiz.** Si algo cambia, puedes borrarlo en lugar de tacharlo.

- Destaca los eventos y las fechas de entrega importantes con un resaltador o un adhesivo en forma de estrella.

- Usa **resaltadores** o **lápices de colores** diferentes para cada materia o tipo de actividad.

- Si usas un planificador o calendario electrónico, activa las alertas. Puedes programar la aplicación para que te recuerde con anticipación las fechas de entrega, las actividades (por ejemplo, un entrenamiento) o los turnos (por ejemplo, con el dentista). Así no te olvidarás.

- Recuerda que una vida que solo tiene obligaciones y responsabilidades es aburridísima. Asegúrate de dedicar tiempo a la diversión, el ocio y los encuentros con amigos y familiares. Inclúyelos en el planificador.

- Mira el planificador apenas te levantas cada mañana. Así sabrás qué te espera.

- Mira el planificador antes de acostarte cada noche. Te sentirás listo para el día siguiente.

Administra tu tiempo

Un planificador te muestra todo lo que está pasando en tu vida. Ahora veremos cómo evitar la sobrecarga de actividades.

El tiempo que pasas en la escuela ya está organizado. La jornada empieza y termina a la misma hora todos los días. El almuerzo, también. Sabes a qué hora tienes que estar en la clase de Ciencias o de Matemáticas o en el salón principal.

Seguramente, parte del tiempo fuera de la escuela también esté organizado, sobre todo si practicas algún deporte, perteneces a un grupo de *scouts*, cantas o tocas algún instrumento, entre otras cosas.

¿Sabes administrar bien el tiempo? ¿Lo aprovechas o lo desperdicias? Es probable que, ahora que limpiaste y ordenaste tu escritorio, tu casillero, tu mochila y tu carpeta, pierdas menos tiempo porque no necesitas hacer un curso para encontrar cada cosa.* Pero administrar tu tiempo es tan importante como organizar los espacios.

*También te vendría bien limpiar tu habitación, pero de eso nos ocuparemos en otro libro.

Busca una hoja rayada y haz una lista de lo que haces habitualmente después de la escuela. Este es un ejemplo:

Actividad	Tiempo estimado	Tiempo real
Entrenar con el equipo de natación		
Descansar en casa		
Merendar		
Ver televisión		
Jugar videojuegos		
Chatear con amigos		
Poner la mesa para la cena		
Cenar		
Ayudar a levantar la mesa		
Ver televisión		
Hacer la tarea		
Jugar con la computadora		
Prepararse para dormir		

Cuando termines de preparar la lista, **estima** la cantidad de tiempo que te lleva cada cosa y anótala.

Actividad	Tiempo estimado	Tiempo real
Entrenar con el equipo de natación	45 minutos	
Descansar en casa	10 minutos	
Merendar	5 minutos	
Ver televisión	20 minutos	
Jugar videojuegos	10 minutos	
Chatear con amigos	15 minutos	
Poner la mesa para la cena	5 minutos	
Cenar	20 minutos	
Ayudar a levantar la mesa	20 minutos	
Ver televisión	30 minutos	
Hacer la tarea	60 minutos	
Jugar con la computadora	10 minutos	
Prepararse para dormir	10 minutos	

El siguiente día de clases, anota el tiempo **real** que te llevaron las cosas. Compara el tiempo real con el estimado.

¿Notas algo?

¿Pasas más tiempo del que pensabas hablando con tus amigos? ¿Juegas videojuegos dos horas y le dedicas apenas 10 minutos a la tarea?

¿Cómo podrías aprovechar mejor el tiempo? Para responder esta pregunta, necesitas la ayuda de tus padres o de un adulto de tu familia.

Fotocopia el Organizador extraescolar de las páginas 50 y 51 o descárgalo de freespirit.com/organize. Siéntate con un adulto y complétenlo juntos con las tareas, responsabilidades y actividades que tienes habitualmente los días de semana. Esos bloques de tiempo no cambian. Sombréalos con algún color.

hora	lunes	martes	miércoles	jueves	viernes
2:30–3:00	Vuelta a casa, actividades extraescolares				
3:00–3:30	Clases de piano	Vóleibol		Vóleibol	
3:30–4:00	Viajar				

Los espacios en blanco muestran el tiempo que te queda para hacer la tarea y estudiar, y el tiempo libre. Primero planifica cuándo estudiar y hacer la tarea y después ocúpate del tiempo libre.*

*¡En ese orden!

Organizador extraescolar

hora	lunes	martes	miércoles	jueves	viernes
2:30–3:00					
3:00–3:30					
3:30–4:00					
4:00–4:30					
4:30–5:00					
5:00–5:30					

5:30–6:00				
6:00–6:30				
6:30–7:00				
7:00–7:30				
7:30–8:00				
8:00–8:30				
8:30–9:00				

Planifica cuándo harás la tarea

Ahora que ves claramente cuánto tiempo tienes para estudiar y hacer la tarea, pon en práctica estos consejos para aprovecharlo al máximo.

Usa una lista de control de la tarea. En las páginas 54 y 55 hay una lista de control que puedes fotocopiar o descargar de freespirit.com/organize. Sujétala con grapas o clips a la carátula de tu fólder de tareas o guárdala en un folio al principio de tu carpeta. Usa una copia nueva cada semana.

Deja tu fólder sobre el escritorio. Consulta la lista de control para saber qué debes llevarte a casa ese día para hacer la tarea. Pídele al maestro que controle tu lista al final de la jornada durante un par de días hasta que te acostumbres a la rutina.

Fija un horario para hacer la tarea. Algunos niños y adolescentes hacen la tarea apenas llegan de la escuela. Otros descargan energía primero y hacen la tarea después. ¿A ti qué te resulta mejor?

Convérsalo con tus padres u otro adulto de la familia. Luego, escoge el horario en el que harás la tarea todos los días. Puede que tengas que modificarlo algún día por una cita o un compromiso, pero lo ideal es que sea a la misma hora siempre.

CONSEJO: Si no tienes tarea, aprovecha ese tiempo para aprender algo. Lee un libro, repasa las operaciones matemáticas o las reglas de ortografía o trabaja en un proyecto a largo plazo.

54

Lista de control de la tarea

Cosas que debo llevarme a casa	lunes	martes	miércoles	jueves	viernes
planificador					
completo					
revisado por el maestro					
libros de texto					
cuadernos de ejercicios					
hojas de trabajo					
cuadernos					

	notas, permisos o formularios para que firme un padre o tutor			
	¿algo más?			
	¿algo más?			
	¿algo más?			

P: ¿Cuánto tiempo por día debería dedicarle a la tarea?

R: Unos 10 minutos por grado. Es decir, si estás en tercer grado, deberías dedicarle a la tarea unos 30 minutos por día. En cuarto grado, unos 40 minutos. En sexto grado, alrededor de una hora. Si estás en el grado 730, tendrás que dedicarle unos 7,300 minutos diarios a la tarea.

Hablando en serio, si pasas horas y horas haciendo la tarea, pídele uno de tus padres o a un adulto de tu familia que hable con tu maestro. Hay más cosas en la vida que hacer la tarea.

Haz la tarea siempre en el mismo lugar. Digamos que un día haces la tarea en la mesa de la cocina, otro día en el piso de la sala de estar y el que le sigue en la bañera mientras cantas una canción de tu banda favorita...

Lamento informarte que no es una gran idea. Si es posible, lo ideal es que hagas la tarea en el mismo lugar todos los días. Busca un lugar tranquilo donde puedas trabajar sin que nadie te moleste o te distraiga.

Si tienes tu propia habitación y tu propio escritorio, genial. En caso contrario, pídele a un adulto de la familia que te ayude a escoger un lugar de estudio tranquilo que puedas usar todos los días, como una mesa en un rincón de la sala de estar. Si trabajas en un espacio de uso común, como la cocina o la mesa del comedor, ten cerca una o dos cajas para guardar los útiles rápidamente cuando termines de hacer la tarea y el resto de la familia ocupe el espacio.

Al margen del lugar que escojas para trabajar, te conviene contar con estos elementos:

- **Una silla cómoda que te sostenga la parte baja de la espalda.** No hay problema si te gusta leer acostado en el sillón o el puf, pero para hacer la tarea lo mejor es que te sientes con la espalda lo más derecha posible. La altura de la silla debe permitirte tener los pies apoyados en el suelo y trabajar sin encorvarte.

- **Buena luz.** Una luz potente desde el techo alcanza, pero una lámpara de escritorio es mejor.

- **Útiles.** Necesitas los mismos que usas en la escuela (lápiz, papel, sacapuntas, borrador, tijeras, regla, pegamento, cinta adhesiva, clips, engrapadora, grapas, resaltadores, lápices de colores) y algunos más (calculadora, perforadora, marcadores). Guárdalos en una caja para despejar el espacio cuando termines de trabajar, en especial si estás en un lugar de uso común.

- **Una computadora con acceso a internet.**
  Te servirá para consultar materiales de referencia
  en línea como diccionarios y mapas, visitar el
  sitio web de la escuela y acceder a los materiales
  que recomienden los
  maestros. Muchas
  escuelas publican en
  internet las tareas, fechas
  de entrega, lecturas,
  hojas de ejercicios, etc.
  Algunas entregan tabletas
  o computadoras. Si no tienes una computadora o
  acceso a internet en casa, habla con tu maestro. Las
  bibliotecas públicas dejan que los socios usen las
  computadoras y se conecten a internet.

- **Una caja grande de plástico, una carpeta
  grande o bandejas de plástico apilables.**
  Sirven para guardar los apuntes, las hojas de
  trabajo, los exámenes viejos y otros papeles. Al
  final del año, tendrás un historial de lo que hiciste
  y una biblioteca de consulta para los exámenes.

P: ¿Con qué materia empiezo: con la más fácil o la más difícil?

R: ¡Depende! A veces, es más cómodo resolver primero las cosas fáciles (las palabras de ortografía o los ejercicios de Matemáticas) y dejar para después las difíciles (el proyecto de Historia). Otras veces, si empiezas por una tarea difícil, luego lo demás es pan comido. Puedes escoger un camino distinto cada día. Cuando decidas el orden en que harás cada tarea, numéralas en tu planificador.

Usa una línea de tiempo para las tareas. Una línea de tiempo divide las tareas en etapas y te permite administrar el tiempo para avanzar a tu ritmo sin andar a las corridas o tener que trabajar toda la noche.

Esta es una opción:

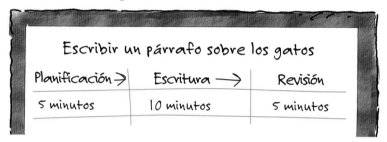

Escribir un párrafo sobre los gatos

Planificación →	Escritura →	Revisión
5 minutos	10 minutos	5 minutos

A estos patos en línea les encanta tu línea de tiempo.

Según tu línea de tiempo, dedicarás 5 minutos a organizar tus ideas para el párrafo (planificación), 10 minutos a redactarlo (escritura) y 5 minutos a corregirlo (revisión).

En el caso de las tareas de Matemáticas, puedes usar el tiempo de planificación para estimar los resultados de los problemas.

Cómo evitar distracciones

Hoy muchos chicos **hacen mil cosas a la vez:** hablan por teléfono, juegan videojuegos, envían mensajes, usan las redes sociales, miran televisión y escuchan música al tiempo que estudian para el examen de ortografía.

Si pueden hacer todo eso sin que les vaya mal en la escuela, ¡bien por ellos!

Pero no todos somos capaces de estudiar y aprender con tantas distracciones. De hecho, la mayoría de los estudiantes trabajan mejor cuando hay **silencio.** Si eres de ese grupo, pon en práctica estos consejos.

- Apaga la televisión, los videos, la música, el teléfono y la computadora (salvo que la necesites para investigar). Desactiva las notificaciones. Quedarás frente a frente con la tarea.

- Pídeles a tus hermanos que no te molesten mientras haces la tarea. Si no te hacen caso, pídele ayuda a un adulto de la familia.

- Pon un cartel de NO MOLESTAR en tu puerta, o en la cocina, si sueles trabajar allí.

- Si te asaltan pensamientos que nada tienen que ver con la tarea ("¿Le gustaré?", "¿Qué era esa carne del almuerzo?"), no trates de suprimirlos. Escríbelos en un papelito y déjalo a un costado.

- Si hay mucho ruido, prueba escuchar música tranquila con auriculares. La música instrumental (sin palabras) distrae menos.

Si ya has intentado todo esto y sigues sin poder ponerte a estudiar, puede que sea por cansancio, hambre o aburrimiento. Duerme una siesta, come algo saludable o practica unos lanzamientos de baloncesto. La tarea no se irá a ningún lado.

La tarea es así: firme como rulo de estatua.

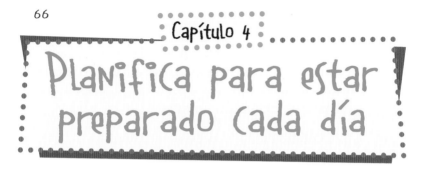

Capítulo 4

Planifica para estar preparado cada día

¿Tus mañanas son una **carrera contrarreloj** para vestirte, desayunar a toda velocidad y salir de tu casa?

¿Sueles **olvidarte** las cosas que deberías llevar a la escuela?

¿Llegas a la escuela con los nervios de punta?

No es manera de empezar el día. Estos consejos van a ayudarte a empezar el día con el pie derecho.

Empieza con el pie derecho

Escoge la ropa la noche anterior. Los cinco minutos previos a salir a tomar el autobús o subirte al auto para ir a la escuela no son el mejor momento para decidir si la camisa rayada combina con los pantalones a cuadros. (Pista: tal vez no). Cuelga la ropa delante del armario o en la silla de tu habitación. ¡E intenta no cambiar de idea por la mañana!

Si usas un uniforme escolar, tienes suerte (aunque pienses que es un poco anticuado). El uniforme te salva de tener que tomar una decisión más antes de acostarte.

Prepara el almuerzo la noche anterior. Si te corresponde prepararte el almuerzo para la escuela, hazlo por la noche antes de acostarte. Es posible que no haya nadie en la cocina y puedas escoger la mejor manzana sin que nadie te la dispute.

Prepárate un almuerzo saludable que te dé energía para la tarde. Evita los bocadillos fritos, las galletas, los dulces, el pan blanco y los refrescos. Escoge en cambio una mezcla de cereales y frutos secos, palomitas, un sándwich de pan integral y pavo, fruta y agua. Si comes mucha comida chatarra, pídele a un adulto de la familia que te ayude a cambiar tus hábitos.

CONSEJO: Si no llevas comida a la escuela, asegúrate de poner el dinero o el vale para comprar el almuerzo en un lugar donde no lo olvides, como tu zapato o el bolsillo de la mochila.

¿Es una lonchera o un cesto de basura?

¿Qué es eso blando y descolorido? Debe ser la mitad del plátano que sobró de la semana pasada. ¿Ese envase baboso? Parece que en otra vida fue un yogur de arándanos. ¿Y esa roca con moho? ¿Es un sándwich prehistórico?

¿Comerías algo de la basura? Seguramente no. Entonces, no uses la lonchera como si fuera un cesto. Llévala a tu casa y lávala todas las noches. Tira lo que sea perecedero. Devuelve la naranja que no comiste al refrigerador. Lava los envases reutilizables con agua caliente y jabón. Haz lo mismo con la lonchera y sécala bien. Así tendrás un recipiente limpio para guardar el delicioso almuerzo de mañana.

Planifica el desayuno la noche anterior. Está comprobado: los estudiantes que desayunan rinden mejor en la escuela. No te saltees esa comida. Y no te llenes el estómago con cereales azucarados y gofres bañados en jarabe de arce. Dales una oportunidad al pan integral tostado, los cereales integrales, el huevo, la fruta y la leche o el jugo de naranja.

Pon todas las cosas para el día siguiente junto a la puerta. Pon tu abrigo, gorro, botas, mochila, carpeta, tableta, guantes, proyecto escolar y ropa de gimnasia junto a cualquier otra cosa que temas olvidar donde no haya posibilidad de que no lo veas.

CONSEJO: Cuando dedicas un rato todas las noches a prepararte para la escuela, empiezas el día con una sensación de calma y control. Llegas a la escuela más tranquilo porque sabes que no te falta nada.

Planifica los proyectos a largo plazo

Muchos estudiantes les tienen pánico a los proyectos a largo plazo. Y sus padres, ni te cuento.

Niña: Mami, ¿me llevas a la biblioteca esta noche?

Mamá: La biblioteca cierra de noche. ¿Qué necesitas?

Niña: Tengo que entregar un proyecto de Historia.

Mamá: ¿Qué proyecto?

Niña: Un informe sobre la guerra de Secesión. Tenemos que leer un libro, escribir un informe, dibujar un mapa, hacer el modelo 3D de un campo de batalla y crear el disfraz de un soldado.

Mamá: ¡Es un montón! ¿Cuándo se entrega?

Niña: Mañana. ¿Me ayudas?

Tu vida (y la de tus padres) es más sencilla cuando haces con tiempo los proyectos largos. Sigue este plan:

1. Empieza cuanto antes. No esperes al último minuto.

2. Anota la fecha de entrega en tu planificador escolar. Escríbela o enciérrala en rojo. También puedes dibujarle flores, estrellas o flechas alrededor: cualquier cosa que sirva para destacarla.

3. Haz una lista de las cosas que necesitas hacer para el proyecto. Por ahora, no te preocupes por el orden. Pero sí anota todo. El truco para terminar el proyecto a tiempo es dividirlo en pasos pequeños, como pasitos de bebé. (La recompensa llega al final: *el trabajo terminado*).

4. Define qué pasos harás en primer, segundo, tercer lugar, etc. Numera cada paso.

5. Fotocopia el Planificador de proyectos a largo plazo de las páginas 76 y 77 o descárgalo del sitio web freespirit.com/organize. Anota los pasos que tienes que cumplir y cuándo. Usa los espacios en la parte del calendario del planificador para describir lo que harás cada día, es decir, cuáles serán tus tareas. Puedes ver un ejemplo de un Planificador de proyectos completo en las páginas 78 y 79.

6. Escribe las tareas de cada día en tu planificador escolar. Así verás cómo coordinarlas con tus otras responsabilidades.

7. Calcula el tiempo que te llevará cada tarea. Anótalo en tu planificador escolar. **Ejemplo:** estimas que te llevará dos horas buscar en la biblioteca los libros que necesitas. Sumas ese tiempo al cronograma de tareas del martes y el miércoles.

8. Respeta tu plan. Si te salteas un día, retoma el trabajo al día siguiente.

9. Vuelve al primer paso.

CONSEJO: Asígnale al proyecto más tiempo del que crees que necesitarás. De esa manera, si terminas antes te sobrará tiempo para festejar... o relajarte.

¡Evita procrastinar! Céntrate en cada pasito hacia la meta. Toma descansos entre paso y paso. Cumple los pasos uno a la vez y tu proyecto llegará a buen puerto.

Las primeras veces que planifiques un proyecto a largo plazo, parecerá una montaña de cosas. Pídele ayuda a un adulto. Tus padres o cualquier adulto de tu familia que se haya ocupado de un proyecto a último momento te ayudará con ganas. Lo mismo vale para cualquier maestro que haya tenido que escuchar larguísimas y aburridas explicaciones de por qué un proyecto no está terminado.

Planificador de proyectos ———— a largo plazo

Proyecto: _____

   Adicionales: _____

   Adicionales: _____

¿Cuánto tiempo llevará el proyecto? _____días

Pasos:	Antes de:
1.	
2.	
3.	
4.	
5.	
6.	

	lunes	martes	miércoles	
semana 1				
semana 2				
semana 3				

Fecha de la asignación: _____

Fecha de entrega: _____

Cantidad de días hasta la entrega: _____

Notas:

	jueves	viernes	sábado	domingo

Planificador de proyectos a largo plazo (ejemplo)

Proyecto: ___Informe sobre la guerra de Secesión___

    Adicionales: ___Mapas, diagramas, imágenes___

    Adicionales: ___Disfraz___

¿Cuánto tiempo llevará el proyecto? ___17___ días

Pasos:	Antes de:
1. buscar libros	5 de octubre
2. tomar apuntes	9 de octubre
3. hacer un esquema	11 de octubre
4. escribir el informe	17 de octubre
5. buscar mapas, etc.	18 de octubre
6. hacer el disfraz	20 de octubre

	lunes	martes	miércoles	
semana 1	10/3 asignación recibida	10/4 buscar en la biblioteca y en internet	10/5 buscar en la biblioteca	
semana 2	10/10 empezar esquema	10/11 terminar esquema	10/12 escribir; diseñar disfraz	
semana 3	10/17 terminar borrador final	10/18 terminar mapas	10/19 hacer disfraz	

Fecha de la asignación: _3 de octubre_

Fecha de entrega: _21 de octubre_

Cantidad de días hasta la entrega: _18_

Notas:

La biblioteca cierra temprano los viernes.

jueves	viernes	sábado	domingo
10/6 tomar apuntes; empezar disfraz	10/7 tomar apuntes	10/8 tomar apuntes	10/9 terminar apuntes
10/13 escribir	10/14 terminar primer borrador	10/15 escribir borrador final	10/16 hacer mapas y demás
10/20 terminar disfraz	10/21 entregar informe	¡Festejar!	

Planifica tu aprendizaje

Ahora que tienes el plan y el tiempo, ¿tienes la **información** que necesitas? Hay un par de estrategias sencillas que pueden ayudarte a organizar tus ideas.

Estrategia sencilla 1
Toma buenos apuntes en clase.

Necesitarás un anotador especial. Te llevará algo de tiempo porque lo harás con tus propias manos, hojas rayadas comunes, una regla y un lápiz rojo.

Traza con **rojo** una **línea vertical** (de arriba abajo) que ocupe el largo total de la página a unas dos pulgadas del margen izquierdo. Repítelo en 10 páginas (o más) y colócalas delante de todo en la carpeta.

Cuando el maestro explique algo en clase, usa la columna derecha (que es más ancha) para tomar apuntes con oraciones cortas. (No te preocupes por la gramática y la puntuación: nadie leerá tus apuntes).

En la columna izquierda (más angosta), escribe las palabras clave (las más importantes que dice el maestro). Por ejemplo, anota nombres de personas, lugares, fechas e ideas principales.

Edad Media	del siglo V al siglo XV
visigodos	pueblo germánico que invadió Roma
feudalismo	los siervos trabajaban la tierra, pero no eran los dueños

Si el maestro **dice** algo como "esto es importante", "recuerden esto" o especialmente "esto se tomará en el examen", dibuja una estrella al lado.

Si el maestro **escribe** algo en la pizarra, agrégalo a tus apuntes.

Si el maestro **repite** algo, agrégalo a tus apuntes.

Más tarde, cuando estés haciendo la tarea, repasa tus apuntes. Corrige las ideas que hayan quedado confusas o raras.✳ Asegúrate de que las palabras clave estén en la columna izquierda. Agrega otras palabras clave para recordar las ideas principales. Subraya las palabras clave con lápices de colores. Intenta agrupar las ideas por color.

Este sistema también puede servirte para tomar apuntes cuando lees o estudias por tu cuenta.

Si tomas notas en una computadora, puedes usar un sistema parecido. Pídele a tu maestro que te recomiende una aplicación y te enseñe a configurarla.

Luz	
transparente	deja pasar la luz
traslúcido	deja pasar algo de luz
opaco	no deja pasar la luz

✳Si algo de lo que anotaste te parece un misterio total, pregúntale a tu maestro en la clase siguiente. No des por sentado que lo descifrarás cuando lo necesites... como la noche anterior al examen.

Dos consejos para tomar apuntes:

- **Deja un renglón en blanco entre las ideas.** De esa manera, si quieres agregar información para explicar la idea más adelante, tendrás espacio;

- **Usa solo una cara de la hoja.** A veces, las notas escritas en la parte de atrás de las hojas se "pierden". Simplemente, te olvidas de su existencia.

Estrategia sencilla 2

Usa tarjetas de notas o tarjetas nemotécnicas.

Escribe palabras, datos y operaciones clave en tarjetas de notas. Usa tarjetas nemotécnicas para poner a prueba tu memoria, en especial en Matemáticas e idiomas.

Ten algunas a mano en tu mochila o en tu bolsillo. Puedes leerlas en los ratos libres (cuando esperas el autobús o haces una fila, por ejemplo).

Estrategia sencilla 3

Ojea, resalta, lee, resume.

Antes de ponerte a leer, ojea el texto. Pasa las páginas y lee solo las oraciones temáticas (las primeras) de cada párrafo. Mira las imágenes y lee las leyendas. ¿Cuál crees que es la idea principal?

Si el libro es tuyo, resalta las palabras clave. Si no lo es, escribe las palabras clave en tarjetas de notas.

Luego, lee el texto con atención. Debería resultarte más fácil porque ya le has echado un vistazo. Por último, resume la información en tu cuaderno o en tus tarjetas de notas.

¡Chist!

Más o menos una vez por semana, revisa tu escritorio, tu casillero, tu mochila, tu espacio de trabajo y tu habitación (incluso debajo de la cama) para ver si hay libros de la biblioteca. Consulta cuándo vence el préstamo y devuélvelos a tiempo.

Los libros de la biblioteca son para todos, así que no los acapares. Tenlos solo el tiempo necesario. Cuídalos.

Lo último vale para todo lo que sea propiedad de la escuela, incluso tu escritorio, tu casillero, tu tableta o computadora portátil y tus libros de texto. Ninguna de esas cosas es realmente tuya. Solo las usas un tiempo.

Trucos para la memoria

Pon en práctica estas ideas para recordar lo que necesites en un examen, o para divertirte.

Convierte una lista de palabras en un acrónimo. Un acrónimo usa la primera letra (o las primeras letras) de cada palabra para formar una palabra nueva. **Por ejemplo,** *ovni* es el acrónimo de "objeto volador no identificado" y ONU, el de Organización de las Naciones Unidas.

Puedes usar el acrónimo PEMUDISURES para recordar el orden de las operaciones matemáticas: paréntesis, exponentes, multiplicación, división, suma, resta.

88

Convierte una lista de palabras en una oración graciosa. ¿Tienes que recordar el orden de los planetas contando desde el Sol? (Mercurio, Venus, Tierra, Marte, Júpiter, Saturno, Urano, Neptuno). Forma una oración con la primera letra del nombre de cada planeta: "Mi vecino tiene muchos jardines sin uvas negras".

Para memorizar la organización de los seres vivos (reino, filo, clase, orden, familia, género, especie), prueba con "Ramón faltó con otra falsamente genial excusa".

Pon una canica en tu zapato. ¿Te cuesta recordar que debes llevar la ropa de gimnasia a la escuela los martes y los jueves? ¿O te olvidas las llaves de tu apartamento los lunes y los viernes, cuando sabes que no hay nadie? A veces, es difícil recordar las cosas que no pasan todos los días o que haces de vez en cuando.

Para recordar esas situaciones ocasionales, prueba esta técnica: la noche anterior, pon una canica (o una piedrita o cualquier objeto pequeño y duro) en tu zapato. Cuando te vayas a calzar, lo sentirás y tu cerebro dirá: "¡Ah! ¡Tengo que acordarme de algo!".

Enúncialo. Di en voz alta las cosas que quieres aprender. Además de **ver** (leer), también **escucharás** el sonido de tu voz y **sentirás** tu boca formando las palabras. Cuantos más sentidos involucres al estudiar, más fácil te resultará recordar las ideas.

Inventa rimas y canciones. Es probable que hayas aprendido a contar hasta 10 con la canción "Un elefante se balanceaba". El ritmo, la repetición, la rima y la melodía pueden ser grandes aliados de la memoria: "Erre con erre guitarra...", "Treinta días trae septiembre...".

Agrupa. Es difícil recordar secuencias largas, como esta contraseña: 2@255&3<82. Es mucho más fácil recordarlas si agrupas los símbolos y los números, por ejemplo, así: 2@2 – 55&3 – <82. Agrupar es una buena manera de recordar la información, desde una lista de compras hasta fechas históricas.

Relaciona. Establece una conexión creativa entre la información vieja y la información nueva.
Ejemplo: Sabes que hay un país llamado Alemania. Tienes que recordar el nombre de una ciudad de ese país, Hamburgo. ¡Imagina una hamburguesa alemana!

Plan para organizarte cada día

Cada mañana, mira tu planificador. ¿Tienes todo listo para empezar el día?

Antes de salir de casa, controla que tengas todo lo necesario: mochila, carpeta, tableta, tarea, notas firmadas, almuerzo, proyectos especiales, etc.

En la escuela, escribe en tu lista de control las tareas que te asigne tu maestro. Anota las fechas de entregas, pruebas y exámenes en el planificador.

Antes de salir de la escuela, verifica que tienes todo lo que necesitas para hacer la tarea en casa ese día: hojas de trabajo, libros, hojas de ejercicios, apuntes, etc.

En casa, trata de respetar tu cronograma de tareas. A veces pasan cosas que te obligan a hacer cambios, pero trata de retomar la rutina cuanto antes.

Cada noche, antes de acostarte, revisa tu planificador. ¿Tienes todo para mañana?

Cada noche, antes de acostarte, junta todo lo que tienes que llevar a la escuela el día siguiente. Déjalo en tu escritorio, al lado de la puerta o sobre la mesa de la cocina. Trata de usar el mismo lugar todas las noches.

¿Vale la pena organizarse?

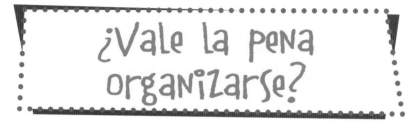

Tal vez te preguntes: "¿Vale la pena ordenar el escritorio, el casillero, la mochila y la carpeta? ¿Realmente hace falta usar planificadores y listas de control? ¿No me llevará demasiado tiempo y esfuerzo?".

Sí, pero solamente al principio. Una vez creado el hábito de la organización, te llevará cada vez **menos** tiempo y esfuerzo. Te preguntarás por qué alguna vez dejaste que tu escritorio fuera un desastre, tu casillero, un caos y tu mochila, un agujero negro.

Para empezar, tu **maestro** notará el cambio. No hay maestro que no valore un escritorio ordenado y un trabajo prolijo y entregado a tiempo. ¡Puede que tus calificaciones mejoren!

¡PLAS!
¡PLAS!
¡PLAS!

Tus **compañeros** también se darán cuenta. Puede que te feliciten al ver que tus cosas ya no son un chiquero. ¡Quizá hasta te pidan consejos!

Tu **familia** estará agradecida por esta versión mejorada de ti. Quién te dice, quizás algunos de tus nuevos hábitos te sigan de la escuela a casa. ¡Tal vez hasta empieces a limpiar tu habitación!

Lo mejor es que te sentirás mejor **contigo mismo.** Y tendrás más tiempo libre del que soñabas.

Los expertos dicen que la gente desorganizada pierde **entre una y dos horas diarias** buscando cosas, luchando contra el desorden y procrastinando.

Entre una y dos horas diarias multiplicadas por los siete días de la semana equivalen a entre siete y catorce horas **semanales.** En conjunto, suman cientos de horas al año.

P: ¿Qué vas a hacer con tanto tiempo libre?

R: ¡Lo que tengas ganas!

Nota para padres y maestros

El ambiente escolar actual es muy competitivo. No encontrar la tarea, el planificador o un lápiz en condiciones puede redundar en malas calificaciones y una vida escolar más difícil.

Ningún padre quiere que a su hijo le vaya mal en un examen porque se olvidó de anotarlo. Y ningún maestro quiere poner calificaciones bajas por olvidar la tarea.

La ansiedad es un problema real y grave en los chicos que no saben organizarse. Cuando una estudiante no se prepara y sus calificaciones bajan, puede sentir que no tiene la capacidad necesaria. Con el tiempo, estos traspiés generan estrés. El estrés produce ansiedad y la ansiedad impacta en el rendimiento académico y en la felicidad en general. Con solo estar preparada, la estudiante puede controlar la situación y estar menos ansiosa.

Si usted tiene un hijo o una hija en edad escolar, puede ayudarlo a organizarse de las siguientes maneras:

- Empiecen lentamente. Céntrense en un problema a la vez.

- El primer paso es organizar los elementos. Archivar los papeles y ordenar prolijamente los útiles en el escritorio son tareas que producen resultados concretos y motivadores.

- Acompañe a su hijo a comprar útiles. Escojan opciones acordes a sus necesidades, las pautas de la escuela y su bolsillo.

- Asegúrese de que su hijo tenga un espacio de trabajo adecuado en el hogar. Debe ser un lugar tranquilo, bien iluminado y equipado con útiles y cajas.

- Definan juntos el mejor momento para estudiar. Es recomendable respetar el mismo horario toda la semana.

- Asegúrese de que su hijo estudie o lea algo aunque no tenga tarea.

- Asegúrese de que su hijo tenga una mochila adecuada. Vacíenla todas las noches y verifique que la llene con lo que necesita para la escuela cuando termine de estudiar.

- Revisen juntos el planificador escolar. Muéstrele cómo usarlo. Consúltenlo juntos cada noche hasta que su hijo lo incorpore como hábito.

- Ayude a su hijo a limitar el uso de la tecnología. No debe mirar videos, usar aplicaciones ni enviar mensajes de texto mientras hace la tarea. Si usa un calendario electrónico, recomiéndele que lo consulte con frecuencia y se ponga alarmas para las fechas importantes. Incluya las fechas en el calendario de la familia. Ayude a su hijo a organizar su trabajo en una tableta o computadora portátil.

- Converse con el maestro. Una relación amistosa de colaboración mutua será muy beneficiosa para su hijo.

- Sea un ejemplo de orden y organización en casa. ¿Necesita ayuda? Consulte la página 101.

Si usted es maestro, ponga en práctica estas ideas:

- Defina un momento en la semana para limpiar el salón. Sugiera a los estudiantes que organicen su escritorio y su casillero y que guarden, desechen o se lleven a casa los papeles sueltos.

- Permita que los estudiantes responsables se lleven a casa una copia de los libros de texto más pesados (si están disponibles), ponga un juego de libros a disposición de la clase u ofrezca una versión digital.

- Explique cómo usar el planificador al principio del ciclo lectivo. Ayude a los estudiantes a completar el planificador todos los días y revíselos al final de la jornada hasta que aprendan a hacerlo por su cuenta.

- Explique cómo acceder a los materiales didácticos en el sitio web de la escuela o de la clase. Si desea que los estudiantes entreguen su trabajo en formato electrónico, asegúrese de que todos sepan cómo hacerlo.

- Si los estudiantes tienen fólderes para la tarea, asegúrese de que los usen y que la tarea no quede hecha un bollo.

- Establezca fechas de entrega intermedias para los proyectos largos. Aun los estudiantes de más edad tienen problemas administrando su tiempo hasta que ganan experiencia.

- Sea un ejemplo de orden y organización, con su escritorio ordenado y los papeles, en su lugar.

- Converse con los padres de los estudiantes que parezcan más desorganizados. Puede que ellos u otros adultos de la familia no tengan hábitos de orden en casa. ¡Son muchísimos los adultos que no saben organizarse bien! Puede recomendarles los recursos de la página 101.

No es lo mismo ayudar a los estudiantes a organizarse que hacerlo por ellos. Ayudarlos es enseñarles una destreza útil para la vida diaria; hacerlo por ellos refuerza la dependencia. Por esto, tanto padres como maestros deben:

- adaptar las expectativas a la edad del estudiante;

- demostrar las conductas apropiadas y luego fomentar la independencia;

- dejar que los estudiantes se equivoquen sin castigarlos: es importante recordarles que los errores son oportunidades de aprendizaje;

- dedicar mucho tiempo al esparcimiento activo. El ejercicio físico es sumamente importante para los niños y adolescentes con tendencia a la desorganización.

Por último: Recuerde no perder la paciencia. Los niños y los adolescentes harán lío, llegarán tarde y serán desorganizados. Tenga paciencia y no exija perfección.

Algunos niños nacen con un don para la organización. Mi hijo no formaba parte de ese grupo. No sucedió de un día para otro, pero las estrategias y técnicas que le enseñé (y que incluí aquí) dieron frutos. Hoy es un joven feliz e independiente que tiene confianza en sí mismo. ¿Qué más se puede pedir?

Recursos útiles

Para niños y adolescentes

Common Sense Media: sitios web de ayuda para hacer la tarea
www.commonsensemedia.org/lists/homework-help-websites
Ofrece cientos de enlaces a sitios web útiles para hacer la tarea.

Conoce tu cerebro para aprender a aprender: Guía para jóvenes estudiantes de Héctor Ruiz Martín (Barcelona: International Science Teaching Foundation, 2020). En este libro, el experto en neurociencia y psicología educativa Héctor Ruiz Martín explica cómo aprendemos y qué acciones y circunstancias nos ayudan a aprender mejor. Con un estilo directo y muy ameno, los alumnos de 12 años en adelante aprenderán estrategias como la práctica de la evocación, la práctica entrelazada o el estudio elaborativo, descubrirán la importancia de planificar y apreciarán los beneficios de colaborar para aprender.

Fact Monster
www.factmonster.com
Un sitio premiado y repleto de materiales de referencia, ayuda para hacer la tarea, datos curiosos e información interesante.

Organizing from the Inside Out for Teens: The Foolproof System for Organizing Your Room, Your Time, and Your Life de Julie Morgenstern y Jessi Morgenstern-Colón (Nueva York: Henry Holt and Company, 2002). Julie escribió un libro sobre orden y organización para adultos que fue un éxito de ventas. En esta ocasión, formó equipo con su hija, Jessi, para ayudar a los adolescentes que tienen muchas ocupaciones a aprovechar al máximo el tiempo y el espacio.

School Power: Study Skill Strategies for Succeeding in School
de Jeanne Shay Schumm, Ph.D. (Minneapolis: Free Spirit
Publishing, 2001). El libro incluye estrategias, tablas y listas
de control para leer más rápido, estudiar con eficiencia,
administrar el tiempo, llevar un control de las tareas y
mejorar el desempeño en los exámenes, entre otras cosas.
Aunque está descatalogado, es un excelente recurso que se
puede conseguir de segunda mano y en las bibliotecas.

Los 7 hábitos de los adolescentes altamente efectivos de Sean
Covey (Debolsillo, 2017). Esta exitosa guía está diseñada para
ayudar a los adolescentes a desarrollar destrezas para la vida y
acompañarlos en el día a día.

Where's My Stuff? The Ultimate Teen Organizing Guide
de Samantha Moss y Lesley Schwartz (San Francisco: Zest
Books, 2010). Una guía exhaustiva con consejos para
ayudar a los adolescentes a organizar cada aspecto de su
compleja vida.

Para padres y maestros

Aprende a organizarte: Un sistema a prueba de fallos para organizar tu casa, tu oficina y tu vida de Julie Morgenstern (Espasa, 2001). Este éxito de ventas según el periódico *New York Times* ha ayudado a miles de adultos a acabar con el desorden en su vida.

A Mind at a Time: America's Top Learning Expert Shows How Every Child Can Succeed de Mel Levine, M.D. (Nueva York: Simon & Schuster, 2002). Los niños tienen estilos de aprendizaje particulares y este libro ayuda a padres y maestros a identificar los métodos adecuados para enseñar a cada niño de forma individual.

SOAR Study Skills: A Simple and Efficient System for Earning Better Grades in Less Time de Susan Kruger (Lake Orion, MI: Grand Lighthouse Publishers, 2016). Una exitosa guía para descubrir cómo aprendemos.

Study Is Hard Work: The Most Accessible and Lucid Text Available on Acquiring and Keeping Study Skills Through a Lifetime de William H. Armstrong (Jaffrey, NH: David R. Godine, 1995). Este clásico que sigue disponible del autor de *Sounder* explora el aprendizaje desde una perspectiva invaluable y llena de sentido común tanto para adultos como para estudiantes más avanzados.

Tareas escolares sin lágrimas: Una guía para que los padres sepan cómo motivar a los niños para que hagan sus tareas escolares y tengan éxito en la escuela de Lee Canter y Lee Hausner, Ph.D. (Canter & Associates, 1990). Este manual clásico ayuda a los padres a resolver problemas relacionados con las tareas escolares.

Índice

A

Acceso a internet, 59
Acrónimo, convertir una lista de palabras en un, 87
Actividades programadas, 44
Adhesivos en forma de estrella, 42
Administrar el tiempo, 44–51
  anotar el tiempo real que lleva cada actividad, 48
  crear un Organizador extraescolar, 49–51
  de las actividades programadas, 44
  estimar el tiempo que lleva cada actividad, 47
  hacer una lista de las actividades extraescolares, 46
  para los proyectos a largo plazo, 72–79
Adulto de la familia. *Ver* Padres
Adultos, hablar con. *Ver también* Padres; Maestros
  sobre el escritorio o el casillero desordenado, 31
  sobre el tiempo dedicado a la tarea, 56
  sobre proyectos a largo plazo, 75
Agrupar, 90
Agujero negro, 1
Almuerzo
  guardado en tu escritorio, 24
  limpiar la lonchera, 69
  llevar dinero para comprar el, 68
  preparar un almuerzo saludable, 68
  prepararlo la noche anterior, 68
Aplicaciones, 39, 83
  de calendario, 39
Apuntes, en clase, 80–83

B

Basura, 24, 25
Borradores (gomas de borrar), 3, 17, 18

C

Cajas para útiles escolares, 17–18
Calculadora, 58
Calendarios electrónicos, 39, 43
Canciones, como ayuda para recordar información, 90

Canica, poner en tu zapato, 89
Carpetas
  bolsillo transparente en la tapa, 13
  de argollas, 13
  de cartulina con 2 solapas y 3 agujeros para broches mariposa, 16
  estuche con cremallera para las, 16
  folios para las, 16
  hojas para las, 15
  organizar las, 34
  permitidas en la escuela, 14
  sección de consulta rápida en las, 15
  separadores para cada materia, 15
  tamaño de las, 13
Casillero
  elementos para organizar tu, 30
  entender los motivos del desorden, 31
  indicios de desorden, 28
  limpiar y ordenar tu, 29
  propósito, 29
Chequeos, para organizar el escritorio, el casillero, la mochila y la carpeta, 35
Clips, 18, 58
Comida, en tu escritorio, 24
Computadora
  como distracción, 64
  para hacer la tarea, 59
  para leer libros digitales, 11
Conexiones, entre información vieja y nueva, 90
Consejos y trucos
  para evitar distracciones, 64–65
  para mejorar la memoria, 87–90
  para usar un planificador, 42–43
Cuestionario, sobre aprender a organizarse, 1–2

D

Decir en voz alta lo que se quiere aprender, 90
Desayuno, 70
Distracciones, consejos para evitar, 63–65

E/F

Engrapadoras, 18, 58
Escritorio
    cosas que no conviene guardar en el, 24
    desordenado de una mente creativa, 27
    limpiar y ordenar el, 25–26
    razones de un escritorio desordenado, 31
Escuela(s). *Ver también* Reglas escolares
    casilleros caóticos, 22–23, 28–31
    cuidar lo que es propiedad de la, 86
    escritorios desastrosos, 22–27
    planificadores para estudiantes, 39
    problemas por la desorganización, 3–5
Escuela, herramientas para organizarse.
        Ver Persona organizada, convertirse
        en y ser una
Espacio, organizar. *Ver también*
        Organizarse, herramientas para
    casillero, 28–31
    chequeos periódicos, 35
    escritorio, 24–27, 31
    limpiar y ordenar la mochila, 32–33
    ordenar la carpeta, 34
Estuche con cremallera, para la carpeta, 16
Éxito en la escuela. *Ver también* Tarea
    administrar el tiempo, 37–43, 44–51
    distracciones, evitar, 63–65
    planificador escolar, 37–43
    planificar cuándo hacer la tarea, 52–62
Fólderes para la tarea, 12, 97
Folios, 16

H/I

Hacer mil cosas a la vez, 63
Hermanos, distracciones, 64
Hojas
    folios para guardar, 16
    para la carpeta, 15
    para tomar apuntes, 80–81
Horarios y planificación. *Ver también*
        Planificadores escolares
    clases, 13
    Organizador extraescolar, 49–51
    tarea, 49, 74, 91
Ideas, organizar
    con apuntes, 80–83
    con tarjetas de notas y tarjetas
        nemotécnicas, 84
    ojear, resaltar y resumir, 85

L

Lápices, 3, 17, 18, 33, 42, 58
    de colores, 18, 43, 49, 58, 83

Libros
    de la biblioteca, 86
    de texto, 11, 97
Limpiar y ordenar
    el casillero, 29–30
    el escritorio, 25–26
    la lonchera, 69
    la mochila, 32–33
Línea vertical roja, para tomar apuntes, 80
Líneas de tiempo para las tareas, 61–62
Lista de compras, para estar organizado,
        19–21
Lista de control de la tarea, 52–53, 54–55, 91
Loncheras, 69
Luz, para hacer la tarea, 58

M/N

Maestros. *Ver también* Adultos, hablar con
    notar cambios/mejoras, 93
    relación con los padres, 97
Mañanas de los días de clases
    consecuencias de la falta de
        organización, 66
    controlar que tienes todo lo que
        necesitas, 67
    escoger la ropa la noche anterior, 67
    mirar el planificador, 43, 91
    planificar el desayuno, 70
    preparar el almuerzo la noche anterior,
        68
Mochila
    ajustar las correas de la, 10
    ayuda de los padres con la, 97
    con rueditas, 9
    evitar mochilas pesadas, 10
    limpiar y ordenar la, 32–33
    necesidad de que esté ordenada, 4–5
    peso de la, 10
    qué llevar en la, 8
    reglas sobre su uso en la escuela, 29
Música, 64, 65
"No molestar", cartel, 64

O

Ojear el texto, durante la lectura, 85
Organizador extraescolar, 49–51
Organizarse, herramientas para, 6–21
    caja para útiles, 17–18
    carpetas, 13–16
    chequeos periódicos, 35
    fólderes para la tarea, 12
    lista de compras, 19–21
mochila, 8–11

P/R

Padres. *Ver también* Adultos, hablar con
    ayuda con el Organizador extraescolar,
    49
    hablar con los maestros, 98
Palabras
    lista de, convertidas en acrónimos, 87
    lista de, convertidas en oraciones
    graciosas, 88
Pegamento/pegamento en barra, 18, 58
Perforadora de 3 orificios, 18, 58
Persona organizada, convertirse en y ser
    una
    ayuda de los maestros, 97–98
    beneficios, 92–95
    consecuencias de no ser, 3–5
    cuestionario, 1–2
    incentivos de los padres, 96–97
    significado, 5
Piedrita, poner en el zapato, 89
Planificadores escolares, 37–43
    ayuda del maestro para usar, 97
    calendarios electrónicos, 39, 43
    consejos y trucos para usar, 42–43
    de dos páginas por día, 38
    diarios, 38, 42
    dónde conseguir, 37
    electrónicos, 39
    mensuales, 38
    personalizar, 42
    plantillas, 37
    razones para usar, 40–41
    semanales, 38, 42
    tipos de, 38–39
Plantillas, planificador, 37
Proyectos a largo plazo, 71–79
    fechas de entrega intermedias
        establecidas por el maestro, 98
    Planificador de proyectos a largo plazo,
        73, 76–79
    planificar, 71–74
Pruebas y cuestionarios
    consejos y trucos para mejorar la
        memoria, 87–90
    importancia de ser una persona
        organizada, 3, 5
Recordar información, trucos para, 87–90
Reglas (útiles escolares), 16, 18, 58, 80

Reglas/normas escolares
    sobre las carpetas, 14
    sobre las mochilas, 9
    sobre llevar la mochila de un lado a
        otro dentro del edificio, 29
    sobre los elementos para organizar el
        casillero, 30
Resaltadores, 18, 42, 43, 58
Resaltar, durante la lectura, 85
Resumir el texto, 85
Riesgo biológico, 32
Rimas, 90
Ropa
    al vaciar la mochila, 33
    escoger la noche anterior, 67

S

Sacapuntas, 18
Separadores para cada materia, 15, 16
Silencio, para hacer la tarea, 64
Silla, para hacer la tarea, 58
Sobrecarga de actividades, 44

T/U

Tarea
    decidir cuánto tiempo dedicarle a la, 56
    distraerse, consejos para no, 63–65
    elementos convenientes, 58–59
    fólderes para la, 12, 97
    guardada en tu escritorio, 24
    hacerla siempre en el mismo horario, 53
    hacerla siempre en el mismo lugar, 57
    importancia de la organización, 4, 5
    línea de tiempo para las tareas, 61–62
    planificar proyectos a largo plazo,
        71–79
    planificar tiempo para hacer la, 49
    priorizar qué hacer primero, 60
    usar una lista de control para la, 52–53,
        54–55
Tarjetas de notas, 84
Tarjetas nemotécnicas, 84
Tecnología, ayuda de los padres para
    limitar, 97
Televisión, como distracción, 64
Tiempo, perder, 44, 95
Tijeras, 18, 58
Uniformes escolares, 67
Útiles escolares, 18–21, 57, 58, 96

Z

Zapato, poner una canica o una piedrita
    en tu, 89

Acerca de la autora y el ilustrador

Janet S. Fox es autora y madre, y también fue docente. Le encanta estar al aire libre. Conoció el fondo del mar a bordo de un sumergible y tuvo un breve y exitoso paso por el mundo del *rock*. Aunque escribe libros para niños y adolescentes y también para jóvenes, tiene admiradores de todas las edades. Su última novela, *The Charmed Children of Rookskill Castle*, es un cuento de hadas gótico para niños de 8 a 12 años que está ambientado en Escocia y ha recibido excelentes críticas de *Kirkus, Publishers Weekly, Booklist* y *Shelf Awareness*. En 2010, Janet obtuvo una maestría en escritura para niños y jóvenes en la Universidad de Bellas Artes de Vermont. Actualmente, se tiñe algunos mechones de pelo de color azul. Vive junto a su esposo y su dinámico perro en Bozeman, Montana, un lugar donde disfrutan de fabulosas vistas de montañas. Para obtener más información, visite www.janetsfox.com.

Steve Mark es ilustrador independiente y también trabaja parte del tiempo como titiritero. Vive en Minnesota, está casado y es padre de tres hijos. Steve ha ilustrado varios libros de la serie Laugh & Learn®, incluidos *Don't Behave Like You Live in a Cave* y *El acoso es algo muy doloroso*.

Para conocer más títulos de la serie Laugh & Learn® de Free Spirit, visite freespirit.com.